당신 앞의 모든 것을
마음을 열고 따뜻하게 바라보세요!
- 샨티데바

DANS LES YEUX DE NAWANG

By Jean-François Chabas & Clotilde Perrin
Text © Jean-François Chabas
Illustrations © Clotilde Perrin
First published by Memorandum of Agreement. Published in the Korean language
by arrangement with Memorandum of Agreement.
Korean translation © 2021 Whalestory Publishing co.

이 책의 한국어판 저작권은 Icarias Agency를 통해 Memorandum of Agreement와 독점 계약한 고래이야기에 있습니다.
저작권법에 의하여 한국 내에서 보호를 받는 저작물이므로 무단 전재와 복제를 금합니다.

글쓴이 장 프랑수아 샤바(Jean-Francois Chabas)

프랑스 소설가. 1967년 파리에서 가까운 뇌이쉬르센에서 태어났습니다. 청소년과 어린이를 위한 글을 쓰기 전까지 서른여섯 종류의 다양한 일을 했습니다. 현대 프랑스 청소년 문학의 주요 저자 중 한 명이며, 육십 권 이상의 책을 썼고 그 중 많은 작품이 십여 개 이상의 언어로 번역되어 읽히고 있습니다. 파블로 네루다 대학에서 올해의 독자상을, 발랑시엔 청소년 도서 황금상과 어린이 잡지 〈쥬 부킨〉의 탐탐상 등을 받았습니다. 국내에 소개된 책으로 《할머니의 비밀》《감옥에서 쓴 편지》《두 번째 탄생》《왕의 보물 상자》《꽃들의 말》 등이 있습니다.

그린이 클로틸드 페랭(Clotilde Perrin)

1977년 프랑스 에피날에서 태어났습니다. 개, 토끼, 물고기, 고양이, 새, 나비, 지렁이, 딱정벌레, 작은 빨간 거미 등 많은 친구들과 즐거운 어린 시절을 보냈습니다. 스트라스부르 장식 예술학교에서 일러스트레이션을 공부했습니다. 어린 시절 읽은 많은 동화에서 영감을 받아 일러스트레이터이자 작가로 활동하며 지금까지 30권이 넘는 책을 출간했습니다. 국내에 소개된 책으로 《빨간 소포》《쥐방울덩굴의 비밀》《샤를 페로의 꼬마 엄지》《감정은 왜 생길까?》《빨리 빨리 빨리!》 등이 있습니다.

옮긴이 김헤니

프랑스 파리의 요리학교 페랑디 졸업 뒤 앙굴렘 유럽고등이미지학교에서 만화창작 과정을 수료했습니다. 단편 만화 《헤니의 시도》, 에세이와 그림 레시피 《이리저리 헤맨 사람의 레시피》를 썼습니다. 옮긴 책으로는 《노인들은 늙은 아이들이란다》가 있습니다. 현재 단편 만화 워크샵을 운영하며, 글과 그림 프랑스어가 좋아서 번역을 시작했습니다.

마음 바라보기 ❷

세상은 참 아름답고 멋져!

글쓴이 장 프랑수아 샤바　**그린이** 클로틸드 페랭　**옮긴이** 김헤니　**펴낸이** 강이경　**펴낸곳** 고래이야기　**제조국** 대한민국
제조년월 2023년 6월　**초판 1쇄 발행** 2022년 2월 10일　**초판 2쇄 발행** 2023년 6월 10일
주소 경기도 양평군 용문면 용문산로 340-20,1층　**등록** 제2016-000005호(2006년 8월 29일)
전화 031) 771-7863　**팩스** 031) 771-7865　**ISBN** 978-89-91941-89-2 77860
이메일 whalestory3@naver.com　**블로그** blog.naver.com/whalestory3
페이스북 https://www.facebook.com/whalestory1(산책하는고래)

⚠ 주의! 책의 모서리나 책장에 다치지 않도록 주의하세요. | 사용연령 36개월 이상

* 잘못된 책은 구입하신 서점에서 바꾸어 드립니다.　* 책값은 뒤표지에 있습니다.

여러 해 전에 티베트라고 불리는 눈의 나라에 쌍둥이 형제가 태어났어요. 산속에는 늑대처럼 사납고 차가운 바람이 불어 모든 게 얼어붙을 만큼 추웠어요. 천막 안에선 야크 똥으로 피운 불이 활활 타오르고 있는데도 차를 따르면 곧바로 얼어버릴 정도였지요. 엄마는 재빨리 두툼한 모포로 아이들을 감쌌어요. 축하하려 모여든 사람들이 희미한 불빛 아래에서 눈을 크게 뜨고 살펴봤어요. 갓 태어난 쌍둥이 얼굴을 자세히 보고 싶었거든요. 두 아이는 활짝 펼친 비둘기 날개처럼 크고 아름다운 눈을 가졌어요. 광대뼈는 봉긋하게 솟았고, 들숨과 날숨은 아주 힘찼답니다.

엄마 아빠는 두 아이에게 나왕과 라히라는 이름을 지어 주었습니다. 형제는 겉으로 보기엔 모든 면이 닮은꼴이었어요. 하지만 아기 때부터 두 아이 성격에는 분명한 차이가 보였습니다. 동생 나왕은 대담하고 쾌활했는데 형인 라히는 소심하고 겁이 많았어요. 엄마는 그 차이를 금방 알아차렸습니다. 나왕은 어떤 경우에도 평온하고 명랑했는데, 라히는 쉬지 않고 울어대며 겁먹은 눈으로 세상을 바라봤어요. 엄마는 쌍둥이가 걷고 말할 수 있을 때가 되면 라히 성격도 바뀔 거라고 생각했어요. 그런 걱정과 기대를 밖으로 드러내진 않았지만 엄마는 슬퍼 보였어요.

눈의 나라답게 거대한 산들은 얼음과 돌, 그리고 많은 눈으로 덮여 있습니다. 종종 눈사태도 일어나지요. 유목민인 쌍둥이 가족은 그 괴물 같이 위험한 산들 사이로 난 구불구불한 길을 걸어서 이동해야 했습니다. 그러다 야크들에게 먹일 풀을 발견하면 그곳에 천막을 쳤어요. 야크는 가족이 가진 소중한 재산이거든요. 모두가 험난한 삶을 이어갔지요. 쌍둥이 엄마는 눈의 나라 부처님께 가족을 지켜 달라고 기도하며 마니차를 돌렸어요. 천막을 친 곳 주변에 악마들이 사는 무서운 곳이 있다고 사람들이 말하는 걸 들었거든요.

"너희는 참 못생겼구나!" 그곳을 지나는 사람들은 쌍둥이를 보고 주저 없이 말했어요. 사실 쌍둥이는 무척 아름다웠지만 악마들이 아이들에게 관심을 갖거나 질투를 하게 될까봐 반대로 얘기한 거예요.

*마니차 불교 경전을 담은 원통을 가리킨다. 티베트 불교에서는 이 원통을 돌리면 경전을 읽는 것과 같다고 여긴다.

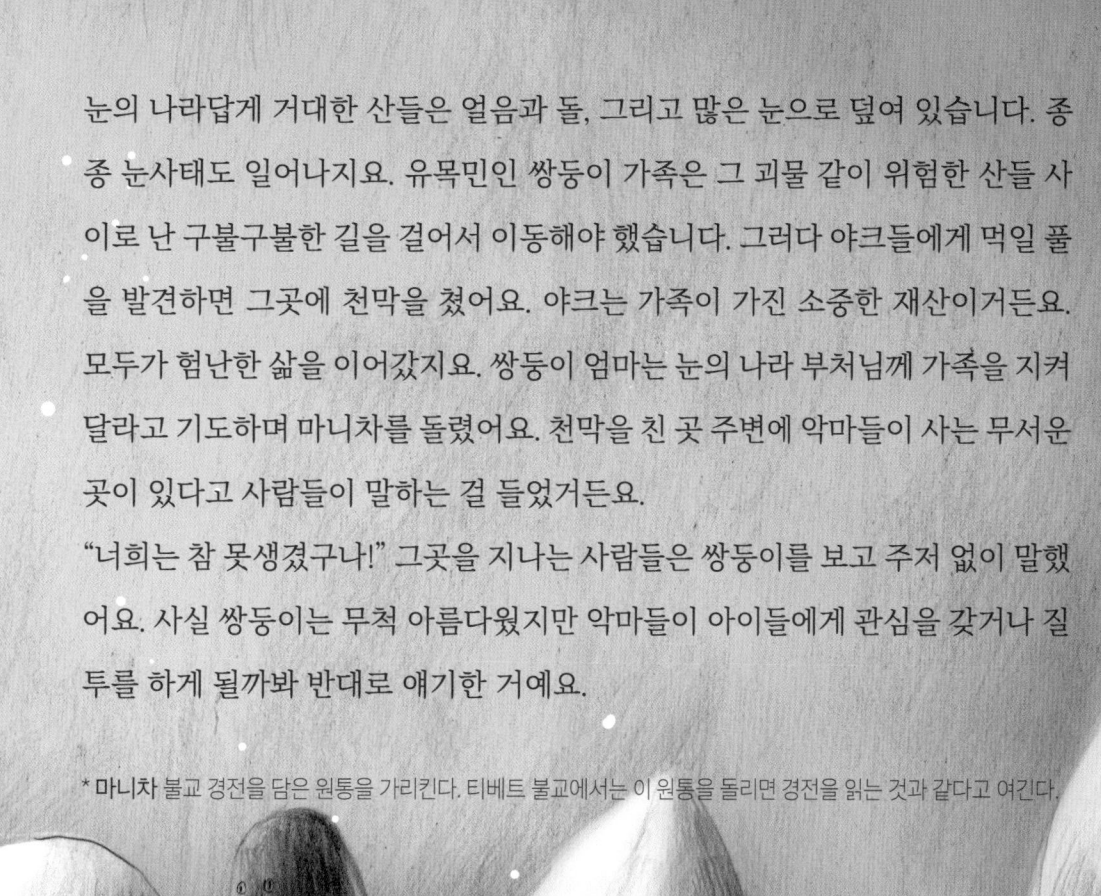

쌍둥이는 일곱 번째 생일을 맞았어요. 쌍둥이와 엄마 아빠는 따뜻한 봄날 풀이 넉넉하게 자라난 곳에 새롭게 자리를 잡았어요. 냉혹한 추위가 물러간 뒤 맞이한, 일 년 중 가장 아름다운 계절이었어요. 모두가 행복했지요. 커다란 천막을 치고 나서야 반대편 언덕에 다른 가족이 있는 걸 알게 되었어요. 하지만 야크 천 마리가 먹고도 남을 만큼 풀이 많았기에 두 가족은 이웃으로 지내기로 했어요. 두 가족이 가진 야크 수는 합쳐도 고작 스무 마리 정도밖에 되지 않았거든요. 그리고 서로 이야기도 나누고, 필요한 물건도 교환하고, 바깥 세계에 대한 소식도 나눌 수 있으니까 더 좋았지요.

나왕과 라히는 자기들과 친하게 지낼 아이들이 있는지 궁금했어요. 마침 자기들 또래 아이들이 보였어요. 그 순간 사나워 보이는 동물 한 마리가 나타났어요.

그 동물은 이웃집 야크를 지키는 양치기 개였어요. 작은 말처럼 몸집이 컸지요. 까맣고 지저분한 털을 곤두세우고 송곳니를 드러내며 사납게 눈을 부라렸어요.
"더러운 동물!" 라히가 말했어요.
"늠름해 보이는데!" 나왕이 외쳤어요.
양치기 개는 명령을 받은 것처럼 으르렁대며 라히에게 다가갔어요. 뾰족한 이빨을 드러내면서요. 라히는 공포에 휩싸여 신음 소리를 냈어요. 자기는 이제 끝났다고 생각했어요. 라히는 개에게 곧 끔찍하게 물어뜯길 거라고 생각하며 눈을 감아 버렸어요. 그래서 나왕이 양치기 개에게 손을 내미는 걸 보지 못했지요.
사납게 으르렁대는 소리가 그쳤어요. 라히가 눈을 떠 보니 나왕이 얌전해진 양치기 개를 쓰다듬고 있지 뭐예요. 지켜보던 이웃집 아이들이 라히를 가리키며 웃었어요. 라히는 "겁쟁이!"라는 말을 들은 것 같았어요.

라히는 천막으로 뛰어갔습니다. 엄마는 보리를 빻으며 점심 준비를 하던 중이었지요. 라히는 엄마에게 위로를 받고 싶은 마음에 방금 겪은 일을 이야기했어요. 그런데 라히는 순간적으로 비웃는 듯한 엄마 얼굴을 본 것 같았어요. '엄마도 내가 한심하다고 생각하는 걸까? 엄마까지?' 라히는 세상이 참 차갑고 잔인하다고 생각했어요. 라히는 화와 두려움이 뒤섞인 기분을 느꼈어요. 이제 할 수 있는 일은 혼자 떠나는 것뿐이라고 생각했어요. 라히는 가족과 함께 묵묵히 점심을 먹었어요. 그런 다음 아무도 몰래 짐을 쌌지요. 라히는 배고플 때 먹을 보리떡 다섯 개, 목마를 때 마실 밀크티 한 병, 추울 때 덮을 담요를 챙겼어요. 그러곤 혼자 떠났습니다.

눈의 나라 산들은 감히 가늠할 수 없을 만큼 엄청나게 큽니다. 아무리 힘이 센 사람이라도 그 앞에선 곤충처럼 연약한 존재일 뿐이에요. 헤매며 길을 찾던 라히는 산들 중에서도 가장 높은 봉우리인 초모룽마를 정면으로 맞닥뜨렸습니다. 라히는 너무 놀라고 무서워서 고개를 숙인 채 냉혹한 세상을 저주하며 앞으로 나아갔어요. 거대한 얼음 괴물을 맞닥뜨린 라히는 분노와 공포에 완전히 사로잡혔습니다.

* **초모룽마** 세계에서 가장 높은, 히말라야 산맥의 최고봉인 에베레스트 산.

앞으로 나아가기 위해서 라히는 어쩔 수 없이 고개를 들어야만 했어요.
그 사이 초모룽마는 더 거대해졌어요. 초모룽마는 라히 위로 덮쳐왔어요!
라히는 공포에 사로잡혔어요. 돌과 얼음 홍수에 휩쓸릴 것만 같았어요.
그러면 아무도 라히를 찾지 못하겠지요.

라히는 짐 보따리를 팽개치고 몸을 돌려 떠나온 쪽을 향해 달리기 시작했어요.
몇 번이나 넘어졌지만 곧바로 일어나 달렸어요.
라히의 뒷목에 초모룽마의 차가운 숨결이 느껴졌어요.

"나왕, 나왕!" 라히는 울부짖으며 나왕을 불렀어요.

절망감에 사로잡혔을 때, 라히는 누군가가 대답하는 소리를 들었어요.
"나 여기 있어, 형!"
나왕은 형이 없어진 것을 알아차리고는 라히를 찾아 나선 거예요.
라히는 떨리는 몸으로 나왕을 끌어안았어요.

라히는 뛰어서 돌아오는 길에 담요를 던져 버렸다고 동생에게 고백했어요.
쌍둥이 가족에겐 담요 한 장도 소중한 물건이에요. 무척 가난했으니까요.
"다시 가서 찾아오자." 나왕이 말했어요.
"안 돼, 싫어! 초모룽마를 봐! 우리를 해치려고 하잖아!"

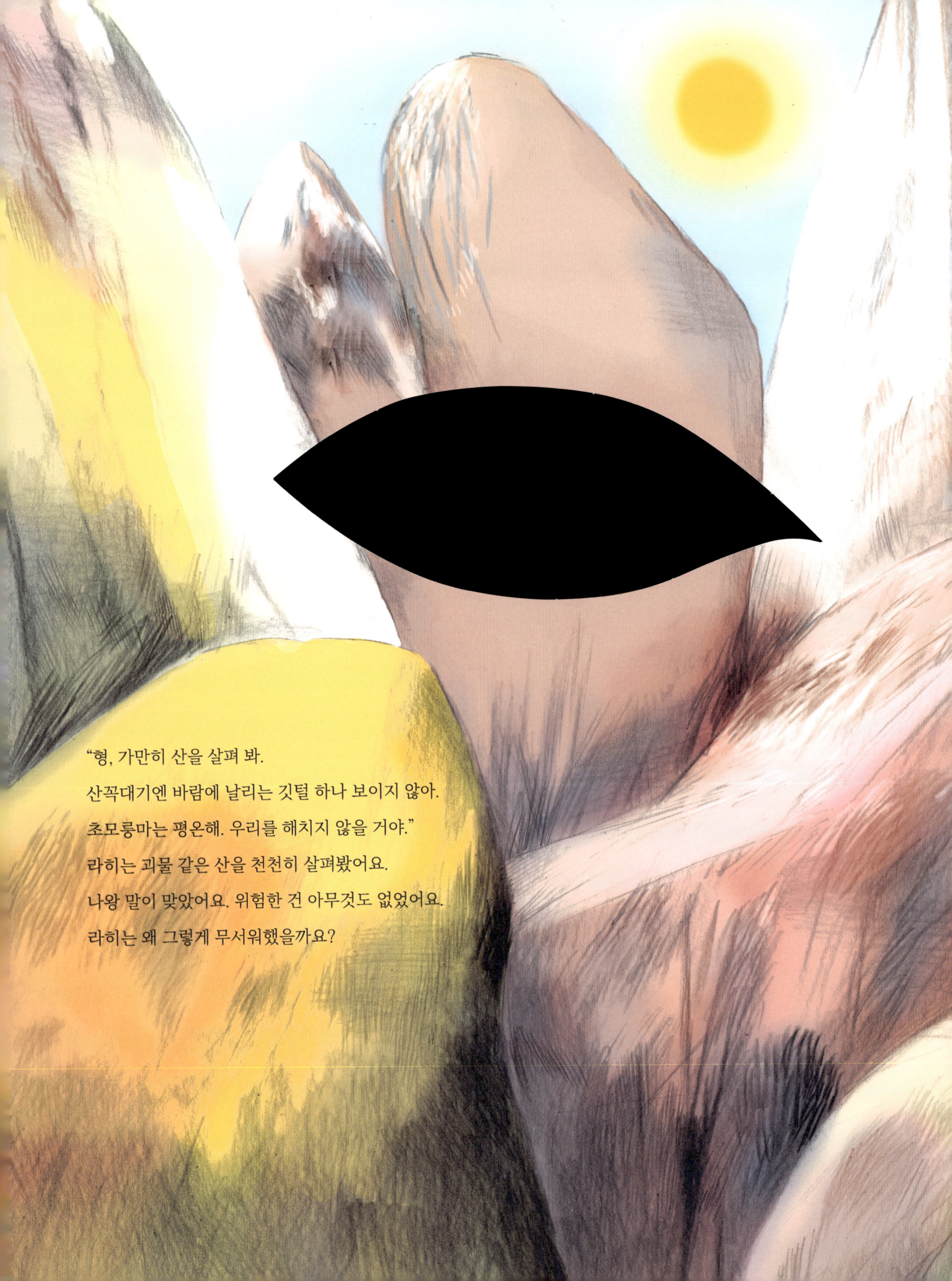

"형, 가만히 산을 살펴 봐.
산꼭대기엔 바람에 날리는 깃털 하나 보이지 않아.
초모룽마는 평온해. 우리를 해치지 않을 거야."
라히는 괴물 같은 산을 천천히 살펴봤어요.
나왕 말이 맞았어요. 위험한 건 아무것도 없었어요.
라히는 왜 그렇게 무서워했을까요?

나왕과 라히는 모포를 되찾고, 보리떡을 먹고 차도 마신 뒤 가족이 있는 천막까지 팔짱을 끼고 걸어서 돌아왔습니다. 엄마 아빠는 색다른 이야기를 들려주는 이웃이 생겨서 마냥 즐거웠어요. 쌍둥이를 보더니 야크들 젖을 짜달라고 말했지요.
"속도가 너무 늦어. 좀 더 빨리!" 아빠가 웃으며 소리쳤어요. 엄마 아빠는 라히가 가족을 떠나려 했다는 걸 짐작도 못할 거예요.
야크 젖 짜는 건 중요한 일이에요. 한 방울도 흘려선 안 될 정도로 야크 젖은 소중하거든요. 몇 달 전만 해도 쌍둥이는 야크 젖을 제대로 짜지 못했어요. 손이 작기도 했고 힘도 약했으니까요. 나왕은 야크를 좋아했는데, 라히는 야크를 고집만 센 동물이라며 가까이 하기 싫어했어요. 커다란 야크 젖을 짜내면서 나왕이 라히에게 말했어요.

"세상은 참 아름답고 멋져!"

라히는 무슨 말을 해야 할지 몰랐어요. 아름답고 멋지게 느껴진 게 하나도 떠오르지 않았으니까요. 결국 라히는 투덜댔어요.
"난 새로운 이웃도 싫어."
나왕은 잠깐 침묵하다가 말했어요.
"난 새 이웃이 참 좋아. 난 그 사람들을 알게 되어서 기뻐."

시간은 흘렀어요. 라히는 점점 더 혼자 지내는 시간이 많았어요. 라히가 혼자 바위들 사이를 헤매고 다닐 때 나왕은 곧 헤어지게 될 이웃 친구들과 즐겁게 놀았어요.
하루는 라히가 바위 하나를 기어올랐는데 그만 눈표범과 마주치고 말았어요. 눈표범은 설표라고도 불리는 사나운 동물이고, 사람들 모두가 두려워했어요. 눈표범은 쓰러진 나무 위에 앉아 있었어요. 라히는 꼼짝도 할 수 없었어요. 눈표범은 고양잇과 동물들이 그러하듯이, 몸은 고정한 채 머리만 앞으로 내밀었어요. 라히는 너무 무서워 몸이 굳었고 아무 생각도 할 수 없었어요. 바로 그때 꿈속에서처럼 어떤 목소리가 라히 뒤에서 들려왔어요.
"정말 멋지세요, 눈표범 님. 배가 불룩하시군요. 우리를 잡아먹지 마세요. 우리도 눈표범 님을 방해하지 않을게요."

눈표범에게 말을 건넨 건 물론 나왕이에요. 나왕은 형을 뒤로 잡아당겼지만, 라히는 겁에 질려 몸이 굳어서 쉽게 움직이지 않았어요. 눈표범은 위엄 있는 눈빛으로 가만히 지켜보았고, 형제는 천천히 움직여 그곳을 벗어났습니다.

"너그러운 마음에 감사드려요. 눈표범 님!" 나왕이 작별 인사를 했어요.

이제 안전하다고 느낄 만큼 멀리 왔을 때, 쌍둥이는 종종 그래왔던 것처럼 서로 등을 마주대고 섰어요.

라히가 어깨 너머로 나왕에게 말했어요.

"넌 어떻게 늘 그렇게 담담할 수 있니? 어떻게 늘 행복할 수 있어? 난 더 이상 못 견디겠어! 나왕, 네 눈을 좀 빌려줄 수 있니? 네 눈으로 세상을 바라보고 싶어."

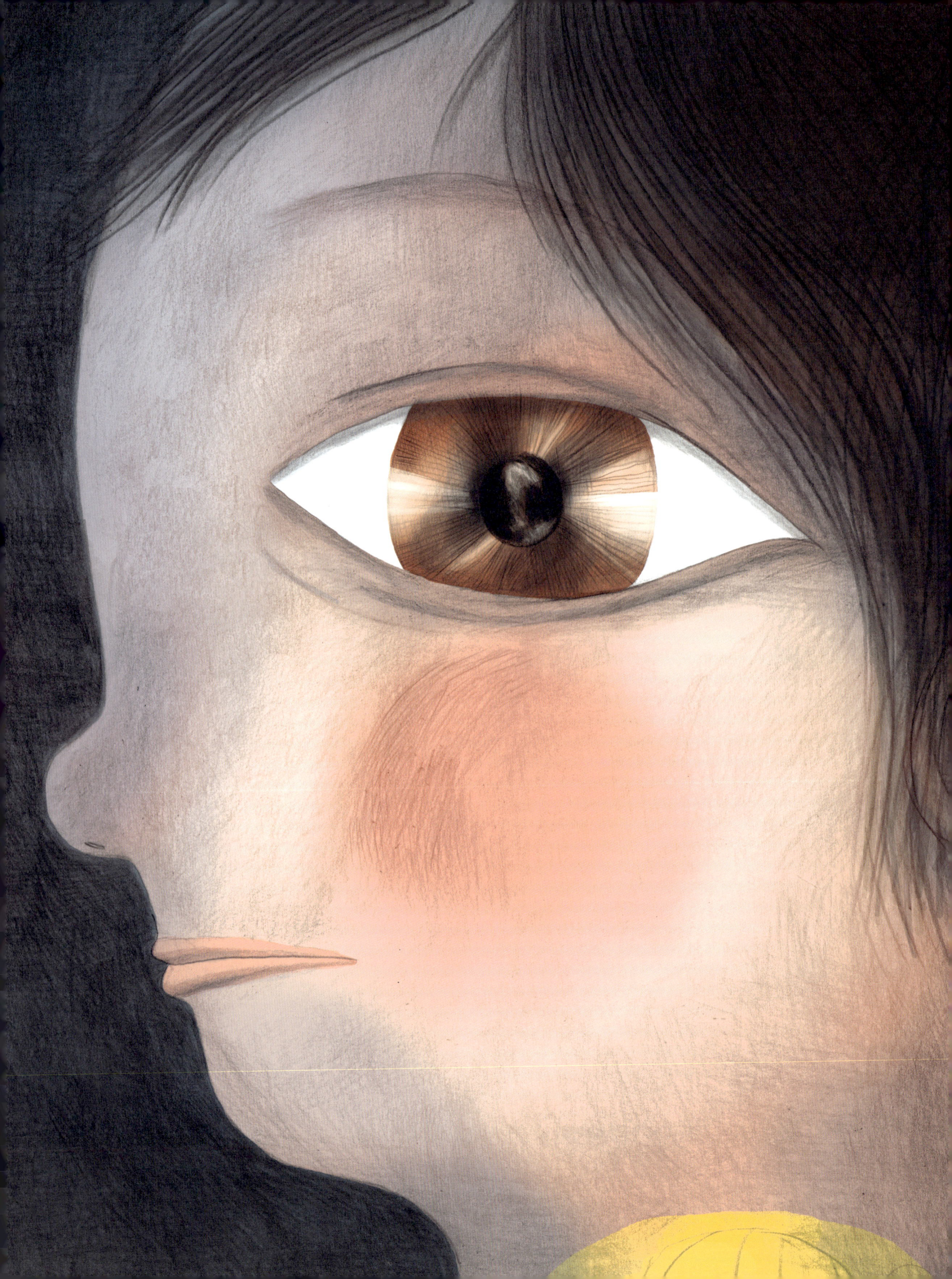

나왕은 곧바로 대답하지 않았습니다. 아주 중요한 질문에 대한 답이었기 때문이지요. 한참을 생각한 끝에 알맞은 대답을 떠올리고는 라히에게 속삭였어요.
"세상을 다른 눈으로 보려면 마음부터 바꿔야 해. 내가 그 방법을 알려 줄게."

그때 라히가 갑자기 나왕을 마주보려고 몸을 돌렸어요. 라히는 나왕 얼굴을 가만히 살펴보았어요. 이마 위로 헝클어진 머리카락과 햇볕에 그을린 피부, 찬바람에 튼 입술이 보였어요. 마치 자기 얼굴을 보는 것 같았지요. 하지만 나왕의 눈빛은 자기와는 매우 달랐어요. 라히는 있는 힘을 다해 나왕을 품에 끌어안았어요.
이제 나왕은 라히에게 행복을 알려주는 스승이 되었어요.
마음공부가 시작된 거죠.

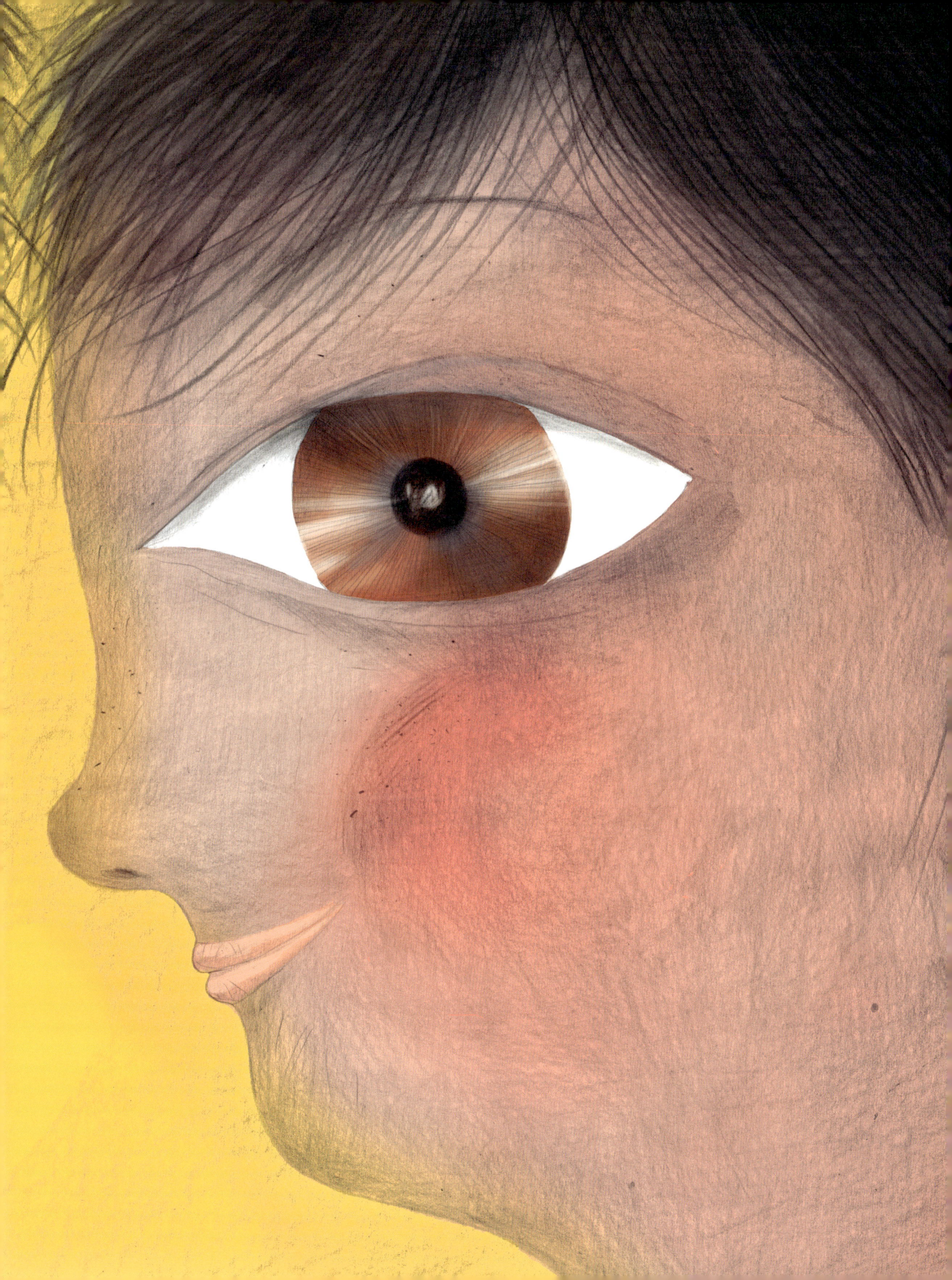

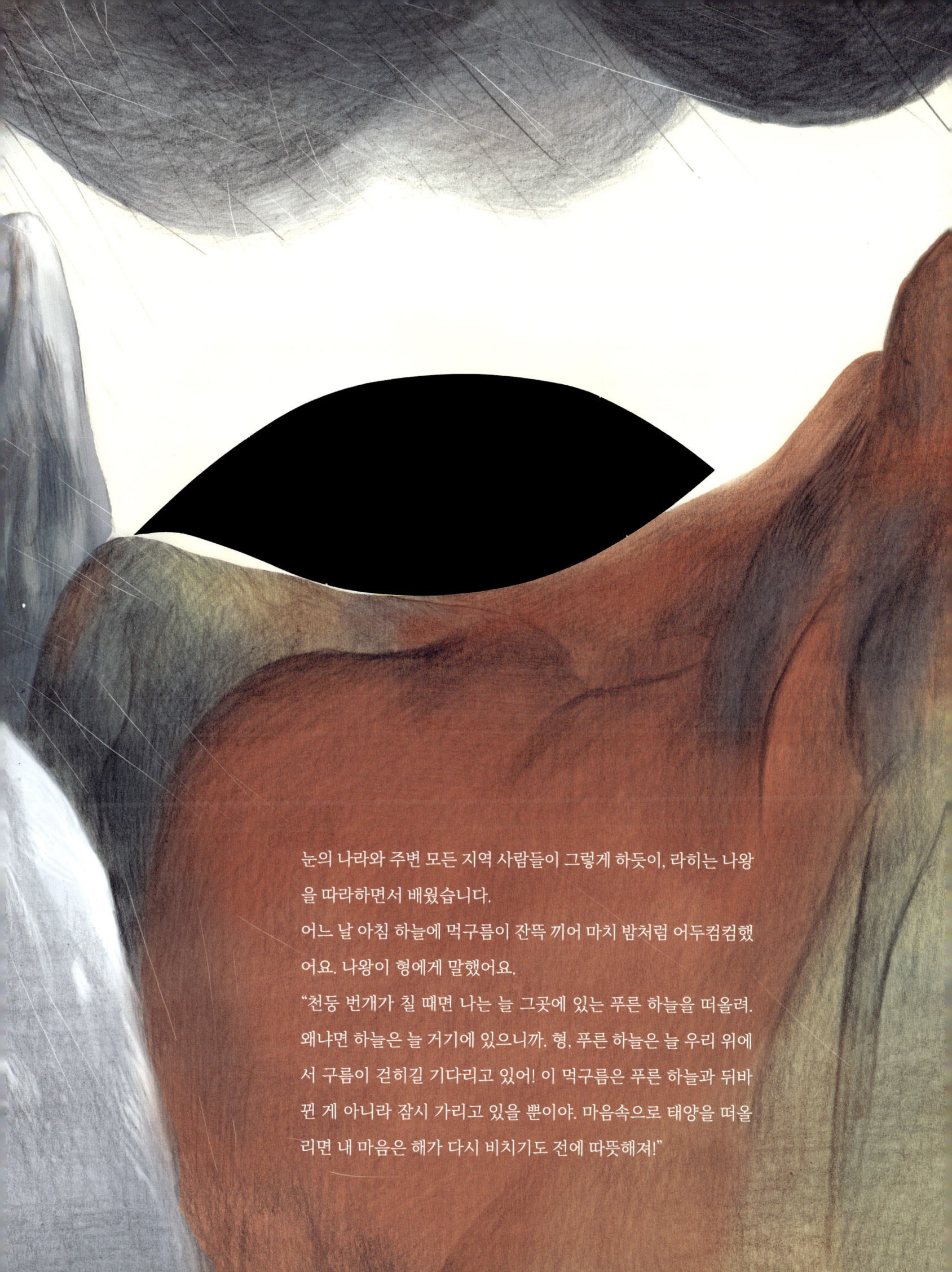

눈의 나라와 주변 모든 지역 사람들이 그렇게 하듯이, 라히는 나왕을 따라하면서 배웠습니다.
어느 날 아침 하늘에 먹구름이 잔뜩 끼어 마치 밤처럼 어두컴컴했어요. 나왕이 형에게 말했어요.
"천둥 번개가 칠 때면 나는 늘 그곳에 있는 푸른 하늘을 떠올려. 왜냐하면 하늘은 늘 거기에 있으니까. 형, 푸른 하늘은 늘 우리 위에서 구름이 걷히길 기다리고 있어! 이 먹구름은 푸른 하늘과 뒤바뀐 게 아니라 잠시 가리고 있을 뿐이야. 마음속으로 태양을 떠올리면 내 마음은 해가 다시 비치기도 전에 따뜻해져!"

하루는 폐를 찌를 듯한 차가운 공기를 뚫고 야크 무리를 몰다가 그만 나왕이 감기에 걸렸어요. 하지만 나왕은 불평하기는커녕 기뻐 보였어요. 라히가 놀라워하자 나왕이 자리에 누운 채 말했어요.
"내가 즐거운 건 막 태어난 새끼 야크를 생각했기 때문이야. 내 감기가 나으면 우리는 같이 놀 수 있으니까! 가느다란 다리로 이리저리 뛰어다니는 모습을 떠올리면 정말 사랑스러워! 내가 낫기 전까지는 형이 새끼 야크와 놀아 줘. 형이 행복해하는 걸 보고 싶어."
나왕의 감기는 금방 다 나았어요.

라히는 함께 칠 년을 살아오면서 동생을 제대로 알지 못했다는 사실에 놀랐어요. 라히는 늘 자기 자신에게만 정신이 팔려 있었기 때문에 나왕의 깊은 마음을 발견하지 못한 거예요. 라히는 자신에게 무슨 일이 일어나느냐가 아니라, 일어난 일을 어떻게 받아들이고 무엇을 할 것인가가 중요하다는 걸 깨달았어요. 초모룽마도 양치기 개도 라히를 공격하지 않았지요. 라히 혼자서 끔찍한 생각을 지어냈을 뿐이에요. 만약 나왕이 침착하게 나서주지 않았다면 눈표범이 라히가 느낀 공포심에 어떻게 반응했을지 누가 알겠어요? 이와 같은 깨달음이 하루아침에 라히 마음에 깃든 건 아니에요. 조금씩 라히 마음속으로 스며들었지요.

여름이 가고 가을도 가고, 첫눈이 오면서 겨울이 왔어요.

쌍둥이 가족은 커다란 사리탑에서 멀지 않은 곳에 천막을 쳤습니다. 밤에는 추위를 피하려고 서로 꼭 붙어서 잤지요. 바람이 산속에서 울부짖었고, 바람이 멎을 땐 완전한 침묵에 휩싸였어요.
어느 날 아침 일찍 나왕과 라히는 전날 엄마가 구워 놓은 작은 빵을 먹으며 밖으로 나왔어요. 장화 바닥 밑에서 눈이 단단해지며 빠드득 소리를 냈어요. 나왕이 라히 목에 팔을 두르며 물었어요.

"세상은 참 아름답고 멋져! 그렇지?"

라히는 햇볕을 받으며 천천히 깨어나는 산을 바라보았습니다. 라히 등 뒤로, 난로 가에서 피곤한 얼굴이지만 미소를 지으며 사랑스럽게 자기를 바라보는 엄마 아빠가 느껴졌어요.
라히는 앞으로 마주치게 될 동물들과 만나게 될 사람들이 궁금해졌어요. 또 앞으로 어떤 일들이 일어날지도 궁금했어요. 라히는 그런 자신에게 놀라면서 웃음을 터트렸어요.

"맞아, 나왕! 세상은 정말 아름답고 멋져! 이제 내 눈에도 세상이 빛나 보여!"